Reglas del hogar

Sharon Coan, M.S.Ed.

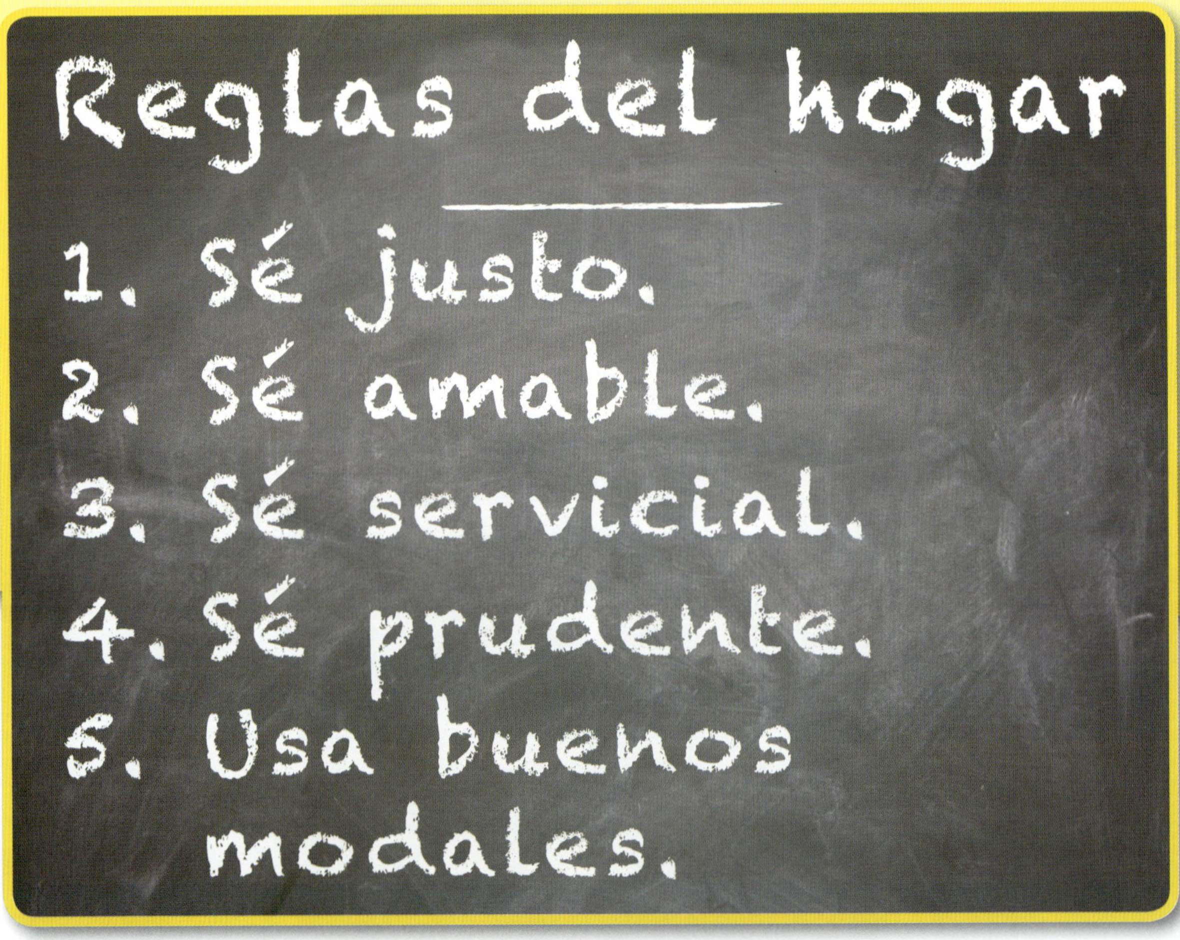

Tenemos **reglas** en el hogar.

Las reglas nos ayudan a llevarnos bien.

Sé justo.

Sé amable.

Sé servicial.

Sé prudente.

Usa buenos **modales.**

Las reglas nos ayudan a llevarnos bien.

¡Escríbelo!

1. Reúnete con tu familia.
2. Habla sobre las reglas.

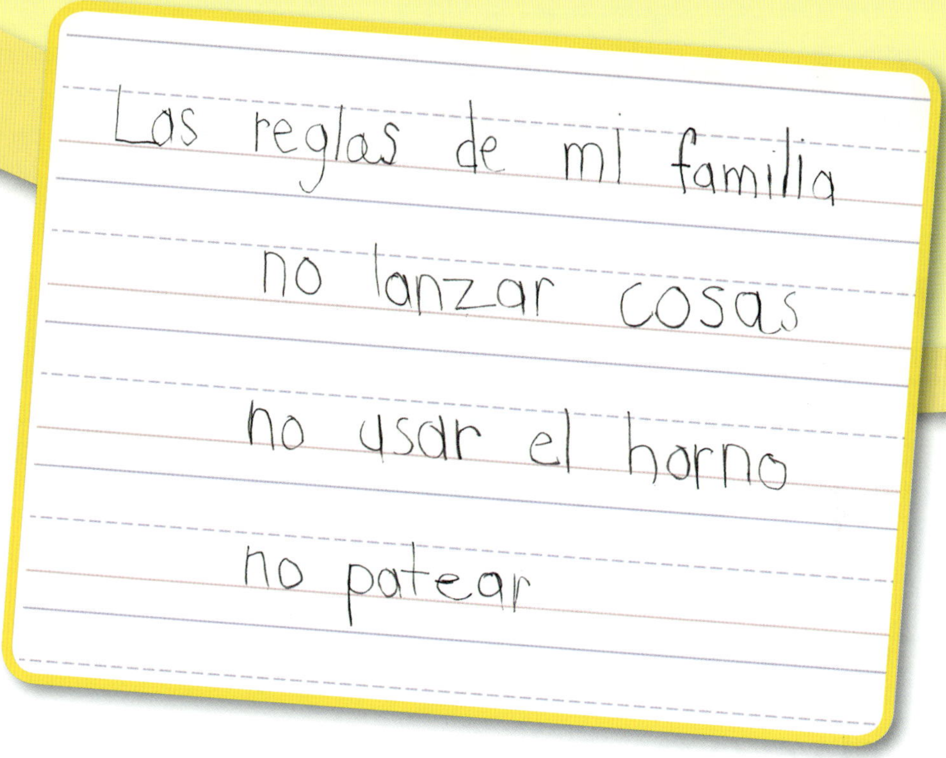

3. Escribe las reglas de tu familia.

Glosario

modales: maneras de comportarse de forma cortés

reglas: cosas que te dicen qué puedes y qué no puedes hacer

Índice analítico

¡Tu turno!

Piensa en una regla nueva para tu familia. Coméntala con ellos.

Asesoras

Shelley Scudder
Maestra de educación de estudiantes dotados
Broward County Schools

Caryn Williams, M.S.Ed.
Madison County Schools
Huntsville, AL

Créditos de publicación

Conni Medina, M.A.Ed., *Gerente editorial*
Lee Aucoin, *Directora creativa*
Torrey Maloof, *Editora*
Lexa Hoang, *Diseñadora*
Stephanie Reid, *Editora de fotos*
Rachelle Cracchiolo, M.S.Ed., *Editora comercial*

Créditos de imágenes: Tapa, pág.1, 10 Blend Images/Alamy; pág.3 Greatstock Photographic Library/Alamy; pág.4 Image Source Plus/Alamy; pág.14 RubberBall/Alamy; pág.12 Adam Gault/Getty Images; pág.17 Jutta Klee/Getty Images; pág.8 bo1982/iStockphoto; pág.22 ChristopherBernard/iStockphoto; pág.24 dejanristovski/iStockphoto; pág.13 Mari/iStockphoto; pág.9 meshaphoto/iStockphoto; pág.7 ozgurdonmaz/iStockphoto; pág.11 Yarinca/iStockphoto; Contratapa, Diana Kenney; pág.19 Teacher Created Materials; todas las demás imágenes de Shutterstock.

Teacher Created Materials
5301 Oceanus Drive
Huntington Beach, CA 92649-1030
http://www.tcmpub.com

ISBN 978-1-4938-0428-3

Printed in Malaysia
Thumbprints.27527